PAR

JOHN KEATS

ET

ANATOLE FRANCE

DÉCORATION DE BELLERY-DESFONTAINES

GRAVÉE PAR E. FLORIAN, FROMENT

ET PERRICHON

ÉDITIONS D'ART

ÉDOUARD PELLETAN

125, BOULEVARD SAINT-GERMAIN, 125

❁ PARIS ❁

—

MCMVIII

PAR

JOHN KEATS

ET

ANATOLE FRANCE

DÉCORATION DE BELLERY-DESFONTAINES

GRAVÉE PAR E. FLORIAN, FROMENT

ET PERRICHON

ÉDITIONS D'ART

ÉDOUARD PELLETAN

125, BOULEVARD SAINT-GERMAIN, 125

❀ PARIS ❀

MCMVIII

Vient de paraître.

Paris, le 20 mai 1908.

Cette édition d'une ode de Keats est un hommage aux Lettres anglaises. Nous l'offrons au pays de Shakespeare à l'occasion de l'Exposition Franco-Britannique. L'Exposition de Londres n'est pas simplement économique, elle a également une signification politique. Elle affirme les rapports nouveaux qui se sont récemment établis entre les deux grands pays de liberté que sont, depuis plus de cent ans, l'Angleterre & la France.

*Certains se demanderont, peut-être, pourquoi Keats & non pas Shakespeare, pourquoi l'*Ode sur une Urne grecque *& non pas* Hamlet *ou le* Songe d'une Nuit d'été. *La raison en est que Keats est, en France du moins, beaucoup moins connu que Shakespeare & qu'il nous a semblé que l'hommage aurait plus d'imprévu s'il était composé d'un simple poème, atteignant à la perfection, que par une des pièces du grand Will, si profondes & si inégalables, mais dont tous les lettrés, sur toute la surface du globe, savent pour ainsi dire par cœur les beautés. C'est la mémoire universelle qui rend à Shakespeare, comme à Dante, comme à Molière, l'hommage qui est dû aux génies.*

L'ode On a Grecian Urn *est une merveille d'élégance & de divination de la beauté hellénique. « Keats, — écrit M. Edmund Goße, dans sa* Littérature anglaise, *— aimait « le principe de beauté en toutes choses » & il poßédait déjà, dès son extrême jeuneße, l'heureuse richeße de phrase & la somptueuse imagination qui marque la maturité des grands poètes. Nul mieux que lui n'a su parer son œuvre d'ornements précieux...* Aucun poète, sinon Shakespeare, n'est plus anglais que Keats, *nul n'offre dans l'harmonie de ses vers, son caractère personnel, ses lettres & toute sa filiation, une figure plus complètement attrayante... Keats fut l'un des plus grands poètes qu'aucun pays ait jamais produits. »*

La pièce que nous avons choisie est, de plus, d'intelligence universelle; il n'est pas un artiste qui n'en goûtera, soit dans le texte original, soit dans l'harmonieuse traduction de Paul Hyacinthe Loyson, & la pureté de la forme & ce « je ne sais quoi d'indéfinißable » qui fait que l'idée plane.

Anatole France lui-même a subi le charme. Trente-trois ans après

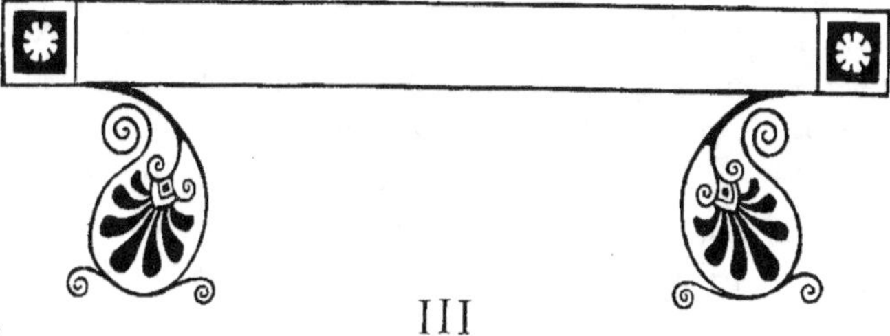

III

Ah! ramée heureuse, bienheureuse, qui ne saurais plus perdre tes feuilles, ni jamais dire au printemps adieu! Et l'heureux mélodiste, jamais lassé,
modulant pour toujours des airs toujours nouveaux!
— Mais plus heureux amour, bien plus heureux
amour, toujours ardent et toujours à venir, toujours haletant et toujours jeune, planant bien au-
dessus de toute passion humaine qui nous laisse
le cœur douloureux et repu, le front brûlant et la
bouche enfiévrée!

les Noces Corinthiennes, *il a été entraîné à nouveau sur le sommet parnaßien par la leĉture de cette ode magique. Son offrande à Keats, concise & diaprée, pourrait à juſte titre paßer pour une perle ignorée de l'Anthologie grecque, n'était la forme poétique de Keats qu'il s'eſt plu à rappeler par les nombreux rejets de ses vers. Ce nous fut une grande joie que de pouvoir lier, dans la publication de ce poème, si bien fait pour séduire une âme attique, le nom d'Anatole France à celui de Keats. Rien de ce qui eſt noble, rien de ce qui eſt mesuré, rien de ce qui rayonne, n'eſt étranger au poète de l'Ode à la Lumière; il lui appartenait de présenter « le merveilleux chef-d'œuvre » aux Bibliophiles & de se porter garant de l'admiration française devant le pays de Shakeſpeare.*

Ce volume contient le texte anglais en regard de sa traduĉtion. Il eſt décoré de compositions rythmiques qui, à l'aide du texte même & d'orne-ments de couleurs brique & noir, donnent à la page une forme d'urne, très libre néceßairement, mais s'accordant avec le caraĉtere & le titre de l'œuvre.

Les compositions sont dues au pinceau habile de M. Bellery-Desfon-taines, dont on n'a point oublié la remarquable contribution à la Prière sur l'Acropole, *aux* Poèmes en Prose, *au* Roi des Aulnes *& à* l'Ode à la Lumière. *Elles ont été gravées avec une maîtrise que nous tenons à signaler, par MM. Erneſt Florian, Eugène Froment & Per-richon.*

E. P.

GRAND ET PETIT IN-4°

CONTENANT ONZE COMPOSITIONS DE BELLERY-DESFONTAINES

IMPRIMÉ EN QUATRE COULEURS, PAR L'IMPRIMERIE NATIONALE

TIRAGE À LA PRESSE À BRAS LIMITÉ À 175 EXEMPLAIRES NUMÉROTÉS

GRAND IN-4° CARRÉ, TEXTE RÉIMPOSÉ

Deux exemplaires sur whatman — N°s 1 & 2 — contenant les dessins originaux & les études & maquettes, une double colleĉtion d'épreuves d'artiste sur japon mince & sur chine.
Vingt exemplaires sur japon ancien, contenant une double colleĉtion, sur japon mince & sur chine, d'épreuves d'artiste signées, au prix *net* de . . . . **3oo** fr.

PETIT IN-4" CARRÉ

153 exemplaires sur vélin du Marais, filigrané **KTHMA EΣ AEI**, au prix de . . . . **5o** fr.
   Il a été conſtitué :
Quatre colleĉtions d'épreuves d'artiste signées, de toutes les gravures, sur japon mince.
Huit colleĉtions d'épreuves d'artiste signées, de toutes les gravures, sur chine.

EXEMPLAIRE DE PRÉSENT N° XX

IMPRIMÉ POUR

AU PAYS

DE SHAKESPEARE

CES PAGES ORNÉES SONT OFFERTES

PAR

UN ÉDITEUR PARISIEN

À L'OCCASION

DE

L'EXPOSITION ANGLO-FRANÇAISE

DE LONDRES

MCMVIII

E · P

SUR UNE URNE
GRECQUE

PAR

JOHN KEATS

ET

ANATOLE FRANCE

DÉCORATION DE BELLERY-DESFONTAINES

GRAVÉE PAR E. FLORIAN, FROMENT

ET PERRICHON

ÉDITIONS D'ART

ÉDOUARD PELLETAN

125, BOULEVARD SAINT-GERMAIN, 125

PARIS

—

MCMVIII

À

JOHN KEATS

SUR SON ODE

ON A GRECIAN URN

ANATOLE FRANCE
Paris, 21 mars 1908

Keats, pour prix de ton chant, je veux sur le tombeau
Où tu dors déposer en offrande une coupe
De travail grec, portant sur sa panse un bandeau
D'Amours, assis, les poings sur l'œil, pleurant en troupe.
Car tandis qu'en sa bauge, à l'abri des épieux,
Le sanglier vainqueur se vautre, la Déesse
Au beau sein, volupté des hommes et des dieux,
Gémit et se lamente et contre son sein presse
Son amant, ô Keats, beau, jeune et pareil à toi.
Il expire. Et, du sang jailli de sa poitrine,
Naît, dans les sombres bois, pleins d'horreur et d'effroi,
La fleur de la beauté, l'anémone divine.

ODE

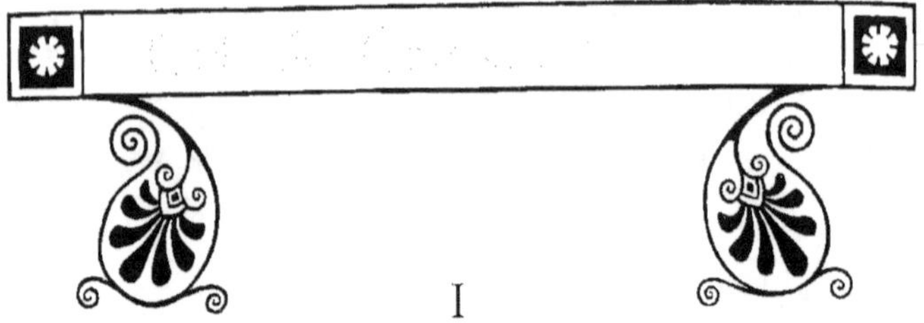

I

Thou still unravish'd bride of quietness,
    Thou foster-child of silence and slow time,
Sylvan historian, who canst thus express
    A flowery tale more sweetly than our rhyme:
What leaf-fring'd legend haunts about thy shape
    Of deities or mortals, or of both,
        In Tempe or the dales of Arcady?
    What men or gods are these? What maidens loth?
What mad pursuit? What struggle to escape?
    What pipes and timbrels? What wild ecstasy?

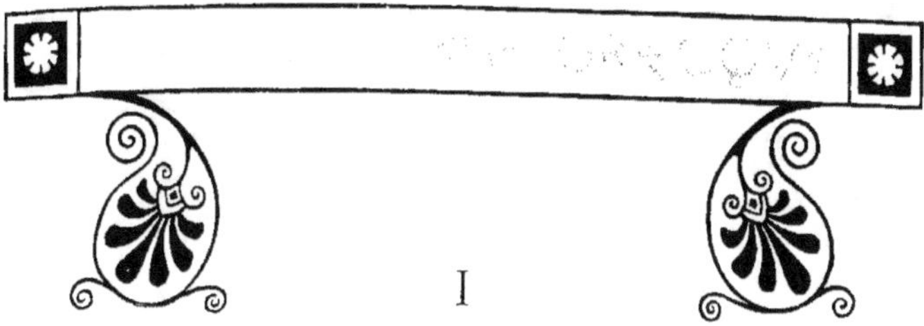

I

Épouse du recueillement inviolée encore, fille
chérie du silence et des lentes années, témoin des
temps sylvestres, qui sais plus exquisément que
nos vers évoquer un conte fleuri : dis, quelle est
la légende aux franges de feuillage qui s'anime au-
tour de ta courbe? Déités ou mortels, ou les deux
tout ensemble? Dans le val de Tempé, ou dans
ceux d'Arcadie? Quels hommes ou quels dieux sont
ceux-ci? Quelles ces vierges rebelles? Et cette folle
poursuite? Et cette lutte de celles qui s'évadent?
Quels sont ces pipeaux, ces cymbales? Quelle est
cette extase sauvage?

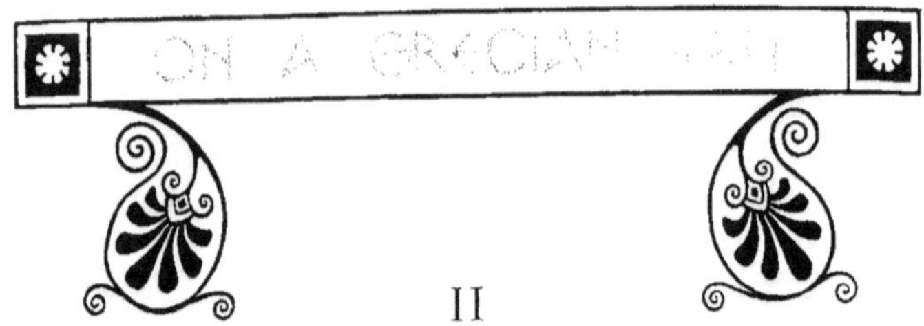

II

Heard melodies are sweet, but those unheard
    Are sweeter; therefore, ye soft pipes, play on;
Not to the sensual ear, but, more endear'd,
    Pipe to the spirit ditties of no tone!
Fair youth, beneath the trees, thou canst not leave
    Thy song, nor ever can those trees be bare;
      Bold Lover, never, never canst thou kiss,
Though winning near the goal—yet, do not grieve;
    She cannot fade, though thou hast not thy bliss,
      For ever wilt thou love, and she be fair!

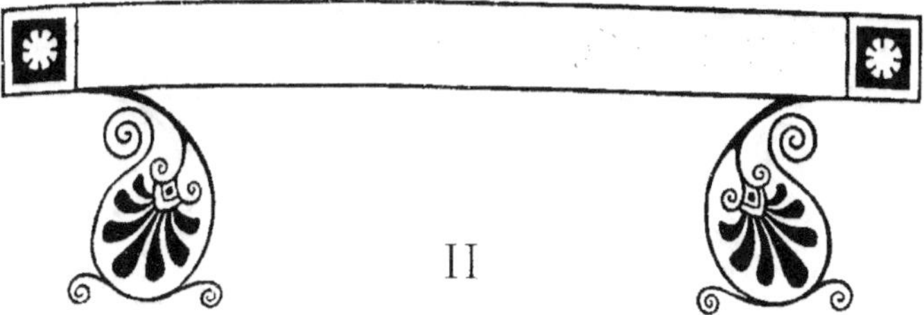

II

Douces sont les mélodies qu'on peut entendre; mais celles qu'on n'entend pas, plus douces! Donc, ô pipeaux suaves, jouez encore, non pour l'oreille humaine, mais, bien plus chers, jouez pour les Génies mystiques du silence! Beau jouvenceau que je vois sous ces arbres, tu ne saurais interrompre ton chant, ni jamais ces arbres se dépouiller... Jamais non plus, toi l'intrépide amant, bien qu'effleurant déjà le prix de ta victoire, jamais, jamais tu n'auras ce baiser!... Et cependant garde-toi de te plaindre : si tu n'as pas possédé ton bonheur, jamais non plus Elle ne se flétrira, tu l'aimeras toujours, toujours elle sera belle!

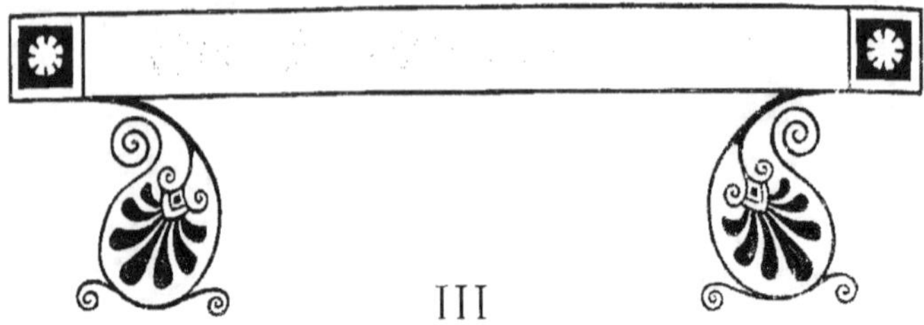

III

Ah, happy, happy boughs! that cannot shed
  Your leaves, nor ever bid the Spring adieu;
And, happy melodist, unwearied,
  For ever piping songs for ever new;
More happy love! more happy, happy love!
  For ever warm and still to be enjoy'd,
    For ever panting, and for ever young;
All breathing human passion far above,
  That leaves a heart high-sorrowful and cloy'd,
    A burning forehead, and a parching tongue.

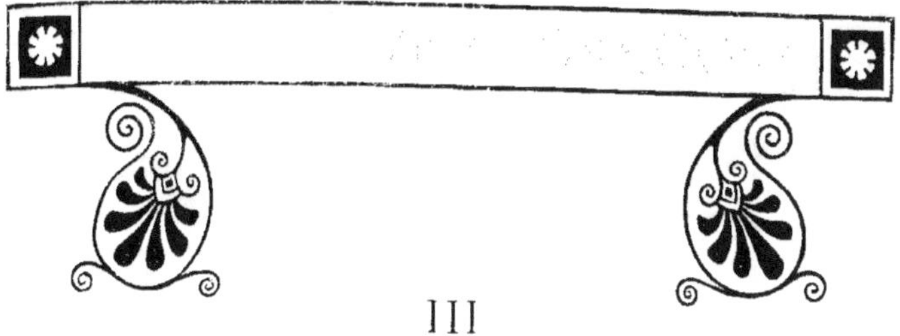

Ah! ramée heureuse, bienheureuse, qui ne saurais plus perdre tes feuilles, ni jamais dire au printemps adieu! Et l'heureux mélodiste, jamais lassé, modulant pour toujours des airs toujours nouveaux! — Mais plus heureux amour, bien plus heureux amour, toujours ardent et toujours à venir, toujours haletant et toujours jeune, planant bien au-dessus de toute passion humaine qui nous laisse le cœur douloureux et repu, le front brûlant et la bouche enfiévrée!

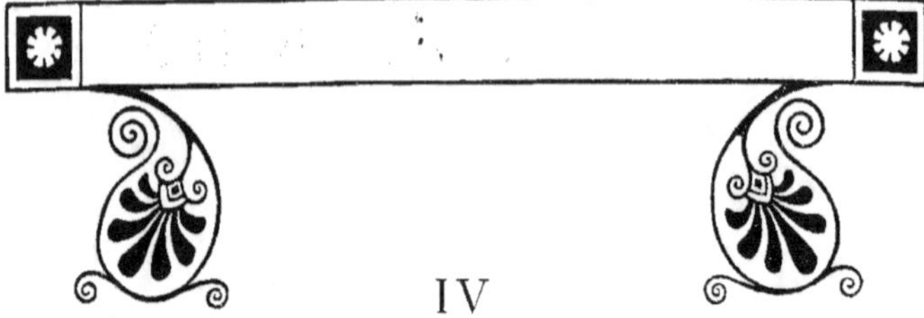

IV

Who are these coming to the sacrifice?
  To what green altar, O mysterious priest,
Lead'st thou that heifer lowing at the skies,
  And all her silken flanks with garlands drest?
What little town by river or sea shore,
  Or mountain-built with peaceful citadel,
    Is emptied of this folk, this pious morn?
And, little town, thy streets for evermore
  Will silent be; and not a soul to tell
    Why thou art desolate, can e'er return.

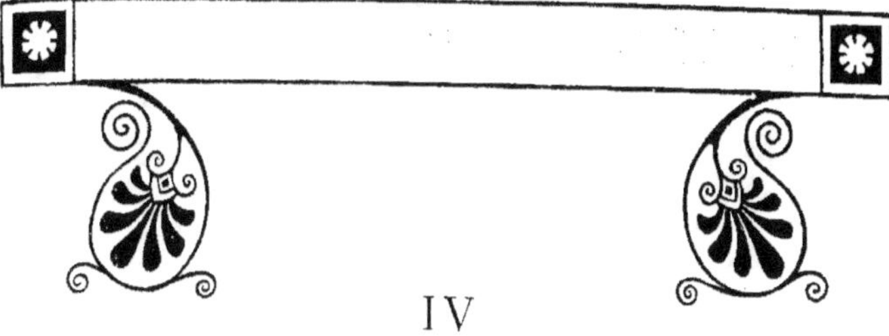

IV

Qui sont ceux-là qu'on voit se rendre au sacrifice? Vers quel autel de verdure, prêtre mystérieux, mènes-tu cette génisse qui mugit vers les cieux, ses flancs soyeux tout parés de guirlandes?... Quelle petite ville au bord d'une rivière ou de la mer, ou bâtie en montagne avec sa citadelle paisible, est vide de son peuple par cette pieuse matinée?... Et, vois-tu, petite ville, tes rues pour toujours seront silencieuses, et jamais âme ne reviendra nous dire pourquoi tu es ainsi abandonnée...

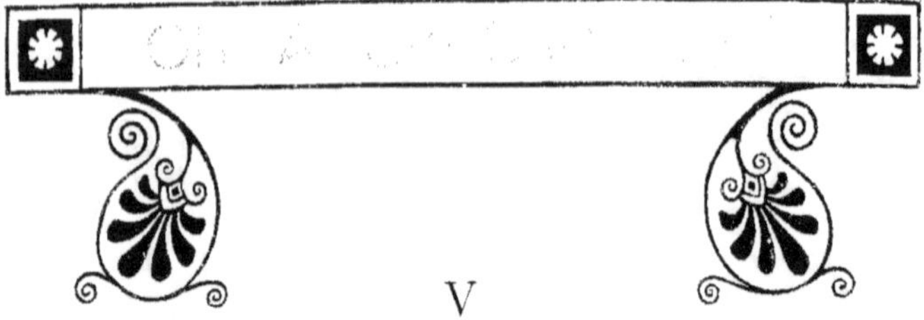

V

O Attic shape! Fair attitude! with brede
   Of marble men and maidens overwrought,
With forest branches and the trodden weed;
   Thou, silent form, dost tease us out of thought
As doth eternity : Cold Pastoral!
   When old age shall this generation waste,
     Thou shalt remain, in midst of other woe
Than ours, a friend to man, to whom thou say'st,
   "Beauty is truth, truth beauty,"—that is all
     Ye know on earth, and all ye need to know.

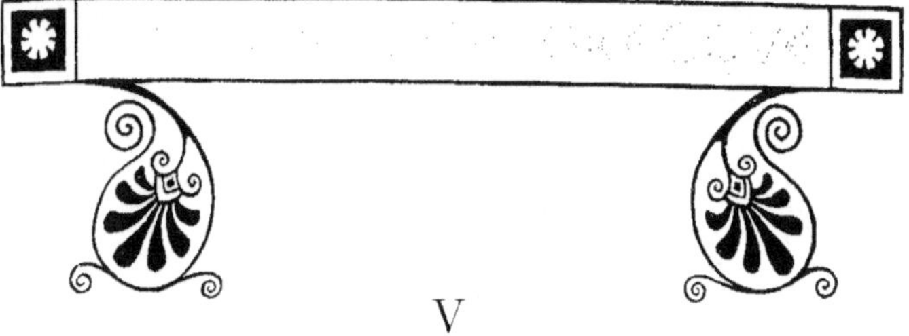

V

O forme attique! divin contour où se joue cette ronde d'hommes et de vierges marmoréens, et ces branches des forêts, et ces herbes foulées! Forme muette, tu tourmentes la pensée jusqu'à l'épuisement comme fait l'éternité : froide pastorale! Et quand le grand âge aura consumé cette génération, tu demeureras, parmi d'autres douleurs, amie de l'homme, à qui tu dis : « Beauté c'est vérité, vérité c'est beauté! » Voilà, sur terre, tout ce qu'on sait, tout ce qu'il importe de savoir.

LA PRÉSENTE TRADUCTION DE L'ODE
DE KEATS *SUR UNE URNE GRECQUE*
EST DE PAUL HYACINTHE LOYSON.

ETTE ÉDITION A ÉTÉ ÉTABLIE PAR ÉDOUARD
PELLETAN, AVEC LE CONCOURS D'ANATOLE
FRANCE, DE PAUL HYACINTHE LOYSON, DE
BELLERY-DESFONTAINES, D'ERNEST FLORIAN, D'EU-
GÈNE FROMENT ET DE PERRICHON. TIRÉE À CENT
SOIXANTE-QUINZE EXEMPLAIRES, PLUS SOIXANTE
EXEMPLAIRES DE PRÉSENT, ELLE A ÉTÉ ACHEVÉE
D'IMPRIMER LE 25 MAI 1908, À L'IMPRIMERIE NA-
TIONALE, PAR STÈGRE ET CARPENTIER, PRESSIERS,
VICTOR DUPRÉ ÉTANT DIRECTEUR.